»VON DRAUSS' VOM WALDE«
Die schönsten Weihnachtsgedichte

Herausgegeben von Matthias Reiner
Illustrationen von Selda Marlin Soganci
Insel Verlag

Insel-Bücherei Nr. 2502

»VON DRAUSS' VOM WALDE«

Die schönsten Weihnachtsgedichte

Guter Nikolaus

Guter Nikolaus,
komm in unser Haus,
triffst ein Kindlein an,
das ein Sprüchlein kann
und schön folgen will!
Halte bei uns still,
schütt dein Säcklein aus,
guter Nikolaus!

Ach, du lieber Nikolaus,
komm doch einmal in mein Haus!
Hab so lang an dich gedacht!
Hast mir auch was mitgebracht?

JOHANN WOLFGANG GOETHE

Weihnachten

Bäume leuchtend, Bäume blendend,
Überall das Süße spendend,
In dem Glanze sich bewegend,
Alt- und junges Herz erregend –
Solch ein Fest ist uns bescheret,
Mancher Gaben Schmuck verehret;

Staunend schaun wir auf und nieder,
Hin und her und immer wieder.
Aber, Fürst, wenn dirs begegnet,
Und ein Abend so dich segnet,
Dass als Lichter, dass als Flammen
Vor dir glänzten allzusammen
Alles, was du ausgerichtet,
Alle, die sich dir verpflichtet:
Mit erhöhten Geistesblicken
Fühltest herrliches Entzücken.

JOHANN WOLFGANG GOETHE

Christgeschenk

Mein süßes Liebchen! Hier in Schachtelwänden
Gar mannigfalt geformte Süßigkeiten.
Die Früchte sind es heilger Weihnachtszeiten,
Gebackne nur, den Kindern auszuspenden!

Dir möcht ich dann mit süßem Redewenden
Poetisch Zuckerbrot zum Fest bereiten;
Allein was solls mit solchen Eitelkeiten?
Weg den Versuch, mit Schmeichelei zu blenden!

Doch gibt es noch ein Süßes, das vom Innern
Zum Innern spricht, genießbar in der Ferne,
Das kann nur bis zu dir hinüber wehen.

Und fühlst du dann ein freundliches Erinnern,
Als blinkten froh dir wohlbekannte Sterne,
Wirst du die kleinste Gabe nicht verschmähen.

JOHANN PETER HEBEL

Die Mutter am Christabend

Er schläft, er schläft! Das ist einmal ein Schlaf!
So recht, du lieber Engel du!
Tu mir die Lieb und lieg in Ruh.
Gott gönnt es meinem Kind im Schlaf!

Erwach mir nicht, ich bitt, ich bitt!
Die Mutter geht mit stillem Tritt,
sie geht mit zartem Muttersinn,
und holt den Baum zur Kammer hin.

Was häng ich dir denn an?
'nen Pfefferkuchenmann,
ein Kätzelchen, ein Spätzelchen,
und Blumen bunt und süß und weich,
und alles ist von Zuckerteig.

Genug, du Mutterherz!
Viel Süßigkeit bringt Schmerz.
Gib sparsam wie der liebe Gott.
Tagtäglich nützt kein Zuckerbrot.

Jetzt rote Äpfel her,
die schönsten, die ich haben kann!
Es ist auch nicht ein Fleckchen dran,
wer hat sie schöner, wer?
'’s ist wahr, es ist ’ne Pracht,
was so ein Apfel lacht.

Jetzt – Gott behüte dich,
an ander Mal denn mehr!
Heut war es, wo der heilge Christ
ein Kind wie du geworden ist.
Werd auch so brav wie er!

JEAN PAUL

Geschichte eines Pfefferkuchenmannes

Es war einmal ein Pfefferkuchenmann,
von Wuchs groß und mächtig,
und was seinen innern Wert betraf,
so sagte der Bäcker »Prächtig.«

Auf dieses glänzende Zeugnis hin
erstand ihn der Onkel Heller
und stellte ihn seinem Patenkind,
dem Fritz, auf den Weihnachtsteller.

Doch kaum war mit dem Pfefferkuchenmann
der Fritz ins Gespräch gekommen,
da hatte er schon – aus Höflichkeit –
die Mütze ihm abgenommen.

Als schlafen ging der Pfefferkuchenmann,
da bog er sich krumm vor Schmerze:
an der linken Seite fehlte fast ganz
sein stolzes Rosenherze!

Als Fritz tags drauf den Pfefferkuchenmann
besuchte, ganz früh und alleine,
da fehlten, o Schreck, dem armen Kerl
ein Arm und schon beide Beine!

Und wo einst saß am Pfefferkuchenmann
die mächt'ge Habichtsnase,
da war ein Loch! Und er weinte still
eine bräunliche Sirupblase.

Von nun an nahm der Pfefferkuchenmann
ein reißendes, schreckliches Ende:
Das letzte Stückchen kam schließlich durch
Tausch
in Schwester Margretchens Hände.

Die kochte als sorgliche Hausfrau draus
für ihre hungrige Puppe
auf ihrem neuen Spiritusherd
eine kräftige, leckere Suppe.

Und das geschah dem Pfefferkuchenmann,
den einst so viele bewundert
in seiner Schönheit bei Bäcker Schmidt,
im Jahre neunzehnhundert.

Weihnachten

Wenn herüber zu meinem Garten
Die alten Lieder tönen,
Der Pfeifer, die aus dem Gebirge kommend
Jeglich Marienbild mit Weisen grüßen,
So dünk ich mich in seltsame, ferne
Wunderzeiten entrückt,
Und alte Legenden, und himmlische Sehnsucht,
Zarte Lieb und große Erinnerung
Quellen aus den rauen, einfachen Tönen.
Tiefer, und inniger
Spricht der Frömmigkeit Wort
Die wunderliche Melodie,
Als in den Kirchen
Der neuen Künstler Wirrwarr,
Die alle Töne keck aufbieten
Um zu heucheln und zu grimassieren,
Und mit weltlichem Prunk
Das Heilige höhnen.

ACHIM VON ARNIM
Vergolde die Nüsse

Vergolde die Nüsse
Sie bleiben doch hart,
Und esse was süße
Und küsse was zart
Und putze das Bäumchen
Und zünde es an,
Schlaf goldene Träumchen,
Du kindischer Mann.
Heut träum dich in Eisen
Und Liebe getaucht
Und laß dir was weisen
Und wie es verraucht,
Und machs nur wie alle
Und sei nur geschickt,
Tritt auf hoch mit Schalle
Tritt ab tief gebückt.

Weihnachten

Markt und Straßen stehn verlassen,
Still erleuchtet jedes Haus,
Sinnend geh ich durch die Gassen,
Alles sieht so festlich aus.

An den Fenstern haben Frauen
Buntes Spielzeug fromm geschmückt,
Tausend Kindlein stehn und schauen,
Sind so wunderstill beglückt.

Und ich wandre aus den Mauern
Bis hinaus ins freie Feld,
Hehres Glänzen, heilges Schauern!
Wie so weit und still die Welt!

Sterne hoch die Kreise schlingen,
Aus des Schneees Einsamkeit
Steigts wie wunderbares Singen –
O du gnadenreiche Zeit!

FRIEDRICH RÜCKERT

Das Männlein in der Gans

Das Männlein ging spazieren einmal
Auf dem Dach, ei seht doch!
Das Männlein ist hurtig, das Dach ist schmal,
Gib acht, es fällt noch.
Eh sich's versieht, fällt's vom Dach herunter,
Und bricht den Hals nicht, das ist ein Wunder.

Unter dem Dach steht ein Wasserzuber,
Hinein fällt's nicht schlecht;
Da wird es naß über und über,
Ei, das geschieht ihm recht.
Da kommt die Gans gelaufen,
Die wird's Männlein saufen.

Die Gans hat's Männlein 'nuntergeschluckt,
Sie hat einen guten Magen;
Aber das Männlein hat sie doch gedruckt,
Das wollt ich sagen.
Da schreit die Gans ganz jämmerlich;
Das ist der Köchin ärgerlich.

Die Köchin wetzt das Messer,
Sonst schneidt's ja nicht;
Die Gans schreit so, es ist nicht besser,
Als daß man sie sticht;
Wir wollen sie nehmen und schlachten
Zum Braten auf Weihnachten.

Sie rupft die Gans und nimmt sie aus,
Und brät sie,
Aber das Männlein darf nicht raus,
Versteht sich.
Die Gans wird eben gebraten;
Was kann's dem Männlein schaden?

Weihnachten kommt die Gans auf den Tisch
Im Pfännlein;
Der Vater tut sie raus und zerschneidt sie frisch –
Und das Männlein?
Wie die Gans ist zerschnitten,
Kriecht's Männlein aus der Mitten.

Da springt der Vater vom Tisch auf,
Da wird der Stuhl leer;
Da setzt das Männlein sich drauf,

Und macht sich über die Gans her.
Es sagt: Du hast mich gefressen,
Jetzt will ich dich dafür essen.

Da ißt das Männlein gewaltig drauf los,
Als wären's seiner sieben;
Da essen wir alle dem Männlein zum Trotz,
Da ist nichts über geblieben
Von der ganzen Gans, als ein Tätzlein,
Das kriegen dort hinten die Kätzlein.

Nichts kriegt die Maus,
Das Märlein ist aus. –
Was ist denn das?
Ein Weihnachts-Spaß;
Aufs Neujahr lernst
Du, was?
Den Ernst.

Die heil'gen drei Könige aus dem Morgenland

Die heil'gen drei Könige aus Morgenland,
Sie frugen in jedem Städtchen:
Wo geht der Weg nach Bethlehem,
Ihr lieben Buben und Mädchen?

Die Jungen und Alten, sie wussten es nicht,
Die Könige zogen weiter;
Sie folgten einem goldenen Stern,
Der leuchtete lieblich und heiter.

Der Stern blieb stehn über Josephs Haus,
Da sind sie hineingegangen;
Das Oechslein brüllte, das Kindlein schrie,
Die heil'gen drei Könige sangen.

AUGUST HEINRICH HOFFMANN
VON FALLERSLEBEN

Der Traum

Ich lag und schlief, da träumte mir
Ein wunderschöner Traum:
Es stand auf unserm Tisch vor mir
Ein hoher Weihnachtsbaum.

Und bunte Lichter ohne Zahl
Die brannten ringsumher,
Die Zweige waren allzumal
Von goldnen Äpfeln schwer.

Und Zuckerpuppen hingen dran:
Das war mal eine Pracht!
Da gab's, was ich nur wünschen kann
Und was mir Freude macht.

Und als ich nach dem Baume sah
Und ganz verwundert stand,
Nach einem Apfel griff ich da,
Und alles, alles schwand.

Da wacht ich auf aus meinem Traum
Und dunkel war's um mich:
Du lieber schöner Weihnachtsbaum,
Sag an, wo find ich dich?

Da war es just als rief er mir:
»Du darfst nur artig sein,
Dann steh ich wiederum vor dir –
Jetzt aber schlaf nur ein!

Und wenn du folgst und artig bist,
Dann ist erfüllt dein Traum,
Dann bringet dir der heilge Christ
Den schönsten Weihnachtsbaum.«

AUGUST HEINRICH HOFFMANN VON FALLERSLEBEN

Weihnachten

Zwar ist das Jahr an Festen reich,
Doch ist kein Fest dem Feste gleich,
Worauf wir Kinder Jahr aus Jahr ein
Stets harren in süßer Lust und Pein.

O schöne, herrliche Weihnachtszeit,
Was bringst du Lust und Fröhlichkeit!
Wenn der heilige Christ in jedem Haus
Teilt seine lieben Gaben aus.

Und ist das Häuschen noch so klein,
So kommt der heilige Christ hinein,
Und Alle sind ihm lieb wie die Seinen,
Die Armen und Reichen, die Großen und
Kleinen.

Der heilige Christ an Alle denkt,
Ein Jedes wird von ihm beschenkt.
Drum lasst uns freun und dankbar sein!
Er denkt auch unser, mein und dein.

Frankfurter Brenten

Mandeln erstlich, rat ich dir,
Nimm drei Pfunde, besser vier
(Im Verhältnis nach Belieben);
Diese werden nun gestoßen
Und mit ordinärem Rosen-
Wasser feinstens abgerieben.
Je aufs Pfund Mandeln akkurat
Drei Vierling Zucker ohne Gnad.
Denselben in den Mörsel bring,
Hierauf ihn durch ein Haarsieb schwing!
Von deinen irdenen Gefäßen
Sollst du mir dann ein Ding erlesen –
Was man sonst eine Kachel nennt;
Doch sei sie neu zu diesem End!
Drein füllen wir den ganzen Plunder
Und legen frische Kohlen unter.
Jetzt rühr und rühr ohn Unterlaß,
Bis sich verdicken will die Maß,
Und rührst du eine Stunde voll:
Am eingetauchten Finger soll
Das Kleinste nicht mehr hängen bleiben;

So lange müssen wir es treiben.
Nun aber bringe das Gebrodel
In eine Schüssel (der Poet,
Weil ihm der Reim vor allem geht,
Will schlechterdings hier einen Model,
Indes der Koch auf ersterer besteht)!
Darinne drücks zusammen gut;
Und hat es über Nacht geruht,
Sollst dus durchkneten Stück für Stück,
Auswellen messerrückendick
(Je weniger Mehl du streuest ein,
Um desto besser wird es sein).
Alsdann in Formen seis geprägt,
Wie man bei Weingebacknem pflegt;
Zuletzt – das wird der Sache frommen,
Den Bäcker scharf in Pflicht genommen,
Dass sie schön gelb vom Ofen kommen!

EDUARD MÖRIKE

Die heilige Nacht

Gesegnet sei die heilige Nacht,
Die uns das Licht der Welt gebracht! –

Wohl unterm lieben Himmelszelt
Die Hirten lagen auf dem Feld.

Ein Engel Gottes, licht und klar,
Mit seinem Gruß tritt auf sie dar.

Vor Angst sie decken ihr Angesicht,
Da spricht der Engel: »Fürcht' euch nicht!

Ich verkünd euch große Freud:
Der Heiland ist euch geboren heut.«

Da gehen die Hirten hin in Eil,
Zu schaun mit Augen das ewig Heil;

Zu singen dem süßen Gast Willkomm,
Zu bringen ihm ein Lämmlein fromm. –

Bald kommen auch gezogen fern
Die heiligen drei König' mit ihrem Stern.

Die knieen vor dem Kindlein hold,
Schenken ihm Myrrhen, Weihrauch und Gold.

Vom Himmel hoch der Engel Heer
Frohlocket: »Gott in der Höh sei Ehr!«

Knecht Ruprecht

Von drauß' vom Walde komm ich her;
Ich muß euch sagen, es weihnachtet sehr!
Allüberall auf den Tannenspitzen
Sah ich goldene Lichtlein sitzen;
Und droben aus dem Himmelstor
Sah mit großen Augen das Christkind hervor,
Und wie ich so strolcht durch den finstern Tann,
Da rief's mich mit heller Stimme an.
»Knecht Ruprecht«, rief es, »alter Gesell,
Hebe die Beine und spute dich schnell!
Die Kerzen fangen zu brennen an,
Das Himmelstor ist aufgetan,
Alt' und Junge sollen nun
Von der Jagd des Lebens einmal ruhn;
Und morgen flieg ich hinab zur Erden,
Denn es soll wieder Weihnachten werden!«
Ich sprach: »O lieber Herre Christ,
Meine Reise fast zu Ende ist;
Ich soll nur noch in diese Stadt,
Wo's eitel gute Kinder hat.«
– »Hast denn das Säcklein auch bei dir?«

Ich sprach: »Das Säcklein, das ist hier:
Denn Äpfel, Nuß und Mandelkern
Fressen fromme Kinder gern.«
– »Hast denn die Rute auch bei dir?«
Ich sprach: »Die Rute, die ist hier;
Doch für die Kinder nur, die schlechten,
Die trifft sie auf den Teil, den rechten.«
Christkindlein sprach: »So ist es recht;
So geh mit Gott, mein treuer Knecht!«
Von drauß' vom Walde komm ich her;
Ich muß euch sagen, es weihnachtet sehr!
Nun sprecht, wie ich's hier innen find!
Sind's gute Kind, sind's böse Kind?

 THEODOR STORM

Weihnachtslied

Vom Himmel in die tiefsten Klüfte
Ein milder Stern herniederlacht;
Vom Tannenwalde steigen Düfte
Und hauchen durch die Winterlüfte,
Und kerzenhelle wird die Nacht.

Mir ist das Herz so froh erschrocken,
Das ist die liebe Weihnachtszeit!
Ich höre fernher Kirchenglocken
Mich lieblich heimatlich verlocken
In märchenstille Herrlichkeit.

Ein frommer Zauber hält mich wieder,
Anbetend, staunend muß ich stehn;
Es sinkt auf meine Augenlider
Ein goldner Kindertraum hernieder,
Ich fühl's, ein Wunder ist geschehn.

Weihnachtsabend

Die fremde Stadt durchschritt ich sorgenvoll,
Der Kinder denkend, die ich ließ zu Haus.
Weihnachten war's; durch alle Gassen scholl
Der Kinderjubel und des Markts Gebraus.

Und wie der Menschenstrom mich fortgespült,
Drang mir ein heiser Stimmlein in das Ohr:
»Kauft, lieber Herr!« Ein magres Händchen hielt
Feilbietend mir ein ärmlich Spielzeug vor.

Ich schrak empor, und beim Laternenschein
Sah ich ein bleiches Kinderangesicht;
Wes Alters und Geschlechts es mochte sein,
Erkannt ich im Vorübertreiben nicht.

Nur von dem Treppenstein, darauf es saß,
Noch immer hört ich, mühsam, wie es schien:
»Kauft, lieber Herr!« den Ruf ohn Unterlaß;
Doch hat wohl keiner ihm Gehör verliehn.

Und ich ? – War's Ungeschick, war es die Scham,
Am Weg zu handeln mit dem Bettelkind?
Eh meine Hand zu meiner Börse kam,
Verscholl das Stimmlein hinter mir im Wind.

Doch als ich endlich war mit mir allein,
Erfaßte mich die Angst im Herzen so,
Als säß mein eigen Kind auf jenem Stein
Und schrie nach Brot, indessen ich entfloh.

THEODOR STORM

Stoßseufzer

Am Weihnachtsonntag kam er zu mir,
In Jack und Schurzfell, und roch nach Bier
Und sprach zwei Stunden zu meiner Qual
Von Zinsen und von Kapital;
Ein Kerl, vor dem mich Gott bewahr!
Hat keinen Festtag im ganzen Jahr.

 THEODOR FONTANE

Zum 24. Dezember 1890

Ruhig sein, nicht ärgern, nicht kränken,
Ist das allerliebste Schenken;
Aber mit diesem Pfefferkuchen
Will ich es noch mal versuchen.

THEODOR FONTANE

Zum 24. Dezember 1890

Noch einmal ein Weihnachtsfest.
Immer kleiner wird der Rest,
Aber nehm' ich so die Summe,
Alles Grade, alles Krumme,
Alles Falsche, alles Rechte,
Alles Gute, alles Schlechte –
Rechnet sich aus all dem Braus
Doch ein richtig' Leben 'raus.
Und dies können ist das Beste
Wohl bei diesem Weihnachtsfeste.

 THEODOR FONTANE

Am Heiligen Abend

Fröhlich zog ich meine Straße,
Sang ein liebes, altes Lied,
Das in meiner Brust erklungen,
Eh' die Liebe von mir schied.

Plötzlich tönen Kirchenglocken
Aus der Ferne zu mir her,
Meine frohen Lieder stocken,
Und das Singen geht nicht mehr.

Kündet doch des Turms Geläute,
Daß ein Feiertag beginnt,
Daß der Heilge Abend heute,
Und die Ostern morgen sind.

Staunt ihr, daß bei solcher Kunde
Meine Freude mich verläßt?!
Ach, mein Herz, das ich begraben,
Feiert nicht sein Osterfest!

WILHELM BUSCH

Der Stern

Hätt einer auch fast mehr Verstand
Als wie die drei Weisen aus Morgenland
Und ließe sich dünken, er wär wohl nie
Dem Sternlein nachgereist wie sie;
Dennoch, wenn nun das Weihnachtsfest
Seine Lichtlein wonniglich scheinen läßt,
Fällt auch auf sein verständig Gesicht,
Er mag es merken oder nicht,
Ein freundlicher Strahl
Des Wundersternes von dazumal.

Der kleine Nimmersatt

Ich wünsche mir ein Schaukelpferd,
'ne Festung und Soldaten
Und eine Rüstung und ein Schwert,
Wie sie die Ritter hatten.

Drei Märchenbücher wünsch' ich mir
Und Farbe auch zum Malen
Und Bilderbogen und Papier
Und Gold- und Silberschalen.

Ein Domino, ein Lottospiel,
Ein Kasperletheater,
Auch einen neuen Pinselstiel
Vergiss nicht, lieber Vater!

Ein Zelt und sechs Kanonen dann
Und einen neuen Wagen
Und ein Geschirr mit Schellen dran,
Bei'm Pferdespiel zu tragen.

Ein Perspektiv, ein Zootrop,
'ne magische Laterne,
Ein Brennglas, ein Kaleidoskop
Dies Alles hätt' ich gerne.

Mir fehlt – ihr wisst es sicherlich –
Gar sehr ein neuer Schlitten,
Und auch um Schlittschuh' möchte ich
Noch ganz besonders bitten.

Um weisse Tiere auch von Holz
Und farbige von Pappe,
Um einen Helm mit Federn stolz
Und eine Flechtemappe.

Auch einen grossen Tannenbaum,
Dran hundert Lichter glänzen,
Mit Marzipan und Zuckerschaum
Und Schokoladenkränzen.

Doch dünkt dies Alles euch zu viel,
Und wollt ihr daraus wählen,
So könnte wohl der Pinselstiel
Und auch die Mappe fehlen.

Als Hänschen so gesprochen hat,
Sieht man die Eltern lachen:
»Was willst du, kleiner Nimmersatt,
Mit all den vielen Sachen?«

»Wer soviel wünscht« – der Vater spricht's –
»Bekommt auch nicht ein Achtel –
Der kriegt ein ganz klein wenig Nichts
In einer Dreierschachtel.«

PAULA DEHMEL

Weihnachtsschnee

Ihr Kinder, sperrt die Näschen auf,
Es riecht nach Weihnachtstorten;
Knecht Ruprecht steht am Himmelsherd
Und bäckt die feinsten Sorten.

Ihr Kinder, sperrt die Augen auf,
Sonst nehmt den Operngucker:
Die große Himmelsbüchse, seht,
Tut Ruprecht ganz voll Zucker.

Er streut – die Kuchen sind schon voll –
Er streut – na, das wird munter:
Er schüttelt die Büchse und streut und streut
Den ganzen Zucker runter.

Ihr Kinder, sperrt die Mäulchen auf,
Schnell! Zucker schneit es heute;
Fangt auf, holt Schüsseln – ihr glaubt es nicht?
Ihr seid ungläubige Leute!

 ANNA RITTER

Vom Christkind

Denkt euch, ich habe das Christkind gesehn!
Es kam aus dem Walde, das Mützchen voll Schnee,

mit rotgefrorenem Näschen.
Die kleinen Hände taten ihm weh,

denn es trug einen Sack, der war gar schwer,
schleppte und polterte hinter ihm her.

Was drin war, möchtet ihr wissen?
Ihr Naseweise, ihr Schelmenpack –

denkt ihr, er wäre offen der Sack?
Zugebunden bis oben hin!

Doch war gewiss was Schönes drin!
Es roch so nach Äpfeln und Nüssen!

LUDWIG THOMA

Heilige Nacht

So ward der Herr Jesus geboren
im Stall bei der kalten Nacht.
Die Armen, die haben gefroren,
den Reichen ward's warm gemacht.

Sein Vater ist Schreiner gewesen,
die Mutter war eine Magd.
Sie haben kein Geld nicht besessen,
sie haben sich wohl geplagt.

Kein Wirt hat ins Haus sie genommen,
sie waren von Herzen froh,
dass sie noch ins Stall sind gekommen.
Sie legten das Kind auf Stroh.

Die Engel, die haben gesungen,
dass wohl ein Wunder geschehn.
Da kamen die Hirten gesprungen
Und haben es angesehn.

Die Hirten, die will es erbarmen,
wie elend das Kindlein sei.
Es ist eine G'schicht' für die Armen,
kein Reicher war nicht dabei.

ELSE LASKER-SCHÜLER

Weihnacht

Einmal kommst du zu mir in der Abendstunde
Aus meinem Lieblingssterne weich entrückt
Das ersehnte Liebeswort im Munde
Zündet meine weißen Lichte an.
Alle Zweige warten schon geschmückt.

»Wann« – ich frage seit ich dir begegnet –
»wann«?
Einen Engel schnitt ich mir aus deinem
goldenen Haare
Und den Traum, der mir so früh zerrann.
O ich liebe dich, ich liebe dich,
Ich liebe dich!

Hörst du, ich liebe dich – – –
Und unsere Liebe wandelt schon Kometenjahre,
Bevor du mich erkanntest und ich dich.

Winternacht

Es war einmal eine Glocke,
die machte baum, baum.
Und es war einmal eine Flocke,
die fiel dazu wie im Traum.

Die fiel dazu wie im Traum.
Die sank so leis hernieder,
wie ein Stück Engleingefieder
aus dem silbernen Sternenraum.

Es war einmal eine Glocke,
die machte baum, baum.
Und dazu fiel eine Flocke,
so leis als wie ein Traum.

So leis als wie ein Traum.
Und als vieltausend gefallen leis,
da war die ganze Erde weiß,
als wie von Engelflaum.

Da war die ganze Erde weiß,
als wie von Engleinflaum.

Die hohen Tannen atmen heiser

Die hohen Tannen atmen heiser
im Winterschnee, und bauschiger
schmiegt sich sein Glanz um alle Reiser.
Die weißen Wege werden leiser,
die trauten Stuben lauschiger.

Da singt die Uhr, die Kinder zittern:
Im grünen Ofen kracht ein Scheit
und stürzt in lichten Lohgewittern, –
und draußen wächst im Flockenflittern
der weiße Tag zur Ewigkeit.

Es gibt so wunderweiße Nächte

Es gibt so wunderweiße Nächte,
drin alle Dinge Silber sind.
Da schimmert mancher Stern so lind,
als ob er fromme Hirten brächte
zu einem neuen Jesuskind.

Weit wie mit dichtem Demantstaube
bestreut, erscheinen Flur und Flut,
und in die Herzen, traumgemut,
steigt ein kapellenloser Glaube,
der leise seine Wunder tut.

RAINER MARIA RILKE

Advent

Es treibt der Wind im Winterwalde
Die Flockenherde wie ein Hirt,
und manche Tanne ahnt, wie balde
sie fromm und lichterheilig wird;
und lauscht hinaus. Den weißen Wegen
streckt sie die Zweige hin – bereit,
und wehrt dem Wind und wächst entgegen
der einen Nacht der Herrlichkeit.

HERMANN HESSE

In Weihnachtszeiten

In Weihnachtszeiten reis' ich gern
Und bin dem Kinderjubel fern
Und geh in Wald und Schnee allein.
Und manchmal, doch nicht jedes Jahr,
Trifft meine gute Stunde ein.
Daß ich von allem, was da war,
Auf einem Augenblick gesunde
Und irgendwo im Wald für eine Stunde
Der Kindheit Duft erfühle tief im Sinn
Und wieder Knabe bin …

ROBERT WALSER

Weihnacht

In einem Buch ich las
von einem Städtchen zart wie Glas;
Die Dächer, Türme, Giebel
hatten etwas von einer Fibel,
und Niedlichkeiten gab es da,
wie man sie zierl'cher nirgends sah.
Jeweilen um das Weihnachtsfest
kamen Schauspieler in das Nest
mit Heroinen und Novizen
und nigelnagelneuen Witzen.
Wie war Amalia im Park
in der Franzmoorabfert'gung stark.
Entzückend zückte sie den Degen
ihret- und ihres Lieblings wegen.
Tragisch marschierte auf die Bühne
Hamlet, der Däne, und der Hüne
Othello taumelte zur Erde
mit eifersüchtiger Gebärde.
Dieweil man noch ein Knabe sei,
agierte man im Wald Karl May,
an dessen »Sklavenkarawane«

ich hiermit literarisch mahne.
Zur schönen Weihnachtszeit glich kaum
das Kleinstadtbild nicht einem Traum.

Weihnacht

Weihnachtsgeläute
Im nächtigen Wind …
Wer weiß, wo heute
Die Glocken sind,
Die Töne von damals sind?

Die lebenden Töne
Verflogener Jahr',
Mit kindischer Schöne
Und duftendem Haar,
Und tannenduftigem Haar,

Mit Lippen und Locken
Von Träumen schwer?…
Und wo kommen die Glocken
Von heute her,
Die wandernden heute her?

Die kommenden Tage,
Die wehn da vorbei. –
– Wer hört's, ob Klage,
Ob lachender Mai
Ob blühender, glühender Mai?

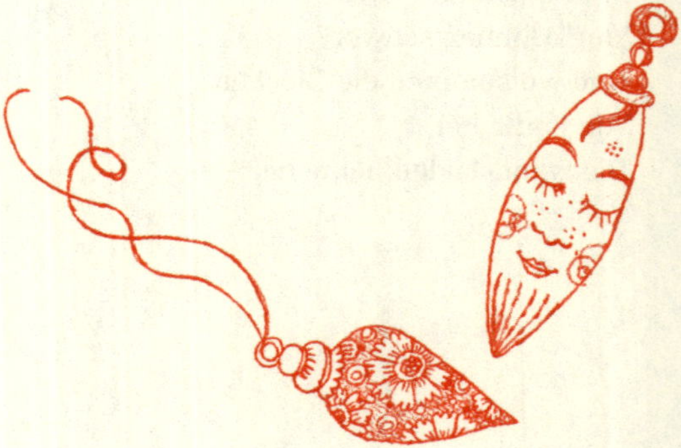

Einsiedlers Heiliger Abend

Ich hab' in den Weihnachtstagen –
Ich weiß auch, warum –
Mir selbst einen Christbaum geschlagen,
Der ist ganz verkrüppelt und krumm.

Ich bohrte ein Loch in die Diele
Und steckte ihn da hinein
Und stellte rings um ihn viele
Flaschen Burgunderwein.

Und zierte, um Baumschmuck und Lichter
Zu sparen, ihn abends noch spät
Mit Löffeln, Gabeln und Trichter
Und anderem blanken Gerät.

Ich kochte zur heiligen Stunde
Mir Erbsensuppe mit Speck
Und gab meinem fröhlichen Hunde
Gulasch und litt seinen Dreck

Und sang aus burgundernder Kehle
Das Pfannenflickerlied.
Und pries mit bewundernder Seele
Alles das, was ich mied.

Es glimmte petroleumbetrunken
Später der Lampendocht.
Ich saß in Gedanken versunken.
Da hat's an die Tür gepocht,

Und pochte wieder und wieder.
Es konnte das Christkind sein.
Und klang's nicht wie Weihnachtslieder?
Ich aber rief nicht: »Herein!«

Ich zog mich aus und ging leise
Zu Bett, ohne Angst, ohne Spott,
Und dankte auf krumme Weise
Lallend dem lieben Gott.

JOACHIM RINGELNATZ

Kindergebetchen

Erstes

Lieber Gott, ich liege
Im Bett. Ich weiß, ich wiege
Seit gestern fünfunddreißig Pfund.
Halte Pa und Ma gesund.
Ich bin ein armes Zwiebelchen,
Nimm mir das nicht übelchen.

Zweites

Lieber Gott, recht gute Nacht.
Ich hab noch schnell Pipi gemacht,
Damit ich von dir träume.
Ich stelle mir den Himmel vor
Wie hinterm Brandenburger Tor
Die Lindenbäume.
Nimm meine Worte freundlich hin,
Weil ich schon sehr erwachsen bin.

Drittes

Lieber Gott mit Christussohn,
Ach schenk mir doch ein Grammophon.
Ich bin ein ungezognes Kind,
Weil meine Eltern Säufer sind.
Verzeih mir, dass ich gähne.
Beschütze mich in aller Not,
Mach meine Eltern noch nicht tot
Und schenk der Oma Zähne.

KURT TUCHOLSKY

Groß-Stadt – Weihnachten

Nun senkt sich wieder auf die heim'schen
Fluren
die Weihenacht! die Weihenacht!
Was die Mamas bepackt nach Hause fuhren,
wir kriegens jetzo freundlich dargebracht.

Der Asphalt glitscht. Kann Emil das
gebrauchen?
Die Braut kramt schämig in dem Portemonnaie.
Sie schenkt ihm, teils zum Schmuck und teils
zum Rauchen,
den Aschenbecher aus Emalch glasé.

Das Christkind kommt! Wir jungen Leute
lauschen
auf einen stillen heiligen Grammophon.
Das Christkind kommt und ist bereit
zu tauschen
den Schlips, die Puppe und das Lexikohn.

Und sitzt der wackre Bürger bei den Seinen,
voll Karpfen, still im Stuhl, um halber zehn,
dann ist er mit sich selbst zufrieden und
im reinen:
»Ach ja, son Christfest is doch ooch janz
scheen!«

Und frohgelaunt spricht er vom
›Weihnachtswetter‹,
mag es nun regnen oder schnein.
Jovial und schmauchend liest er seine
Morgenblätter,
die trächtig sind von süßen Plauderein.

So trifft denn nur auf eitel Glück hinieden
in dieser Residenz Christkindleins Flug?
Mein Gott, sie mimen eben Weihnachtsfrieden …
»Wir spielen alle. Wer es weiß, ist klug.«

KLABUND

Weihnacht

Ich bin der Tischler Josef,
Meine Frau, die heißet Marie.
Wir finden kein' Arbeit und Herberg'
Im kalten Winter allhie.

Habens der Herr Wirt vom goldnen Stern
Nicht ein Unterkunft für mein Weib?
Einen halbeten Kreuzer zahlert ich gern,
Zu betten den schwangren Leib. –

Ich hab kein Bett für Bettelleut;
Doch scherts euch nur in den Stall.
Gevatter Ochs und Base Kuh
Werden empfangen euch wohl. –

Wir danken dem Herrn Wirt für seine Gnad
Und für die warme Stub.
Der Himmel lohns euch und unser Kind,
Seis Madel oder Bub.

Marie, Marie, was schreist du so sehr? –
Ach Josef, es sein die Wehn.
Bald wirst du den elfenbeinernen Turm,
Das süßeste Wunder sehn. –

Der Josef Hebamme und Bader war
Und hob den lieben Sohn
Aus seiner Mutter dunklem Reich
Auf seinen strohernen Thron.

Da lag er im Stroh. Die Mutter so froh
Sagt Vater Unserm den Dank.
Und Ochs und Esel und Pferd und Hund
Standen fromm dabei.

Aber die Katze sprang auf die Streu
Und wärmte zur Nacht das Kind. –
Davon die Katzen noch heutigen Tags
Maria die liebsten Tiere sind.

Maria

Die Nacht ihrer ersten Geburt war
Kalt gewesen. In späteren Jahren aber
Vergaß sie gänzlich
Den Frost in den Kummerbalken und
rauchenden Ofen
Und das Würgen der Nachgeburt gegen
Morgen zu.
Aber vor allem vergaß sie die bittere Scham
Nicht allein zu sein
Die dem Armen eigen ist.
Hauptsächlich deshalb
Ward es in späteren Jahren zum Fest, bei dem
Alles dabei war.
Das rohe Geschwätz der Hirten verstummte.
Später wurden aus ihnen Könige in der
Geschichte.
Der Wind, der sehr kalt war
Wurde zum Engelsgesang.
Ja, von dem Loch im Dach, das den Frost
einließ, blieb nur
Der Stern, der hineinsah.

Alles dies
Kam vom Gesicht ihres Sohnes, der leicht war
Gesang liebte
Arme zu sich lud
Und die Gewohnheit hatte, unter Königen
zu leben
Und einen Stern über sich zu sehen zur
Nachtzeit.

ERICH KÄSTNER

Der Weihnachtsabend des Kellners

Aller Welt dreht er den Rücken,
und sein Blick geht zu Protest.
Und dann murmelt er beim Bücken:
»Ach, du liebes Weihnachtsfest!«

Im Lokal sind nur zwei Kunden.
(Fröhlich sehn die auch nicht aus.)
Und der Kellner zählt die Stunden.
Doch er darf noch nicht nach Haus.

Denn vielleicht kommt doch noch einer,
welcher keinen Christbaum hat,
und allein ist wie sonst keiner
In der feierlichen Stadt. –

Dann schon lieber Kellner bleiben
und zur Nacht nach Hause gehn,
als jetzt durch die Straßen treiben
und vor fremden Fenstern stehn!

Die Hirtenstrophe

Wir gingen nachts gen Bethlehem
und suchten über Feld
den schiefen Stall aus Stroh und Lehm,
von Hunden fern umbellt.

Und drängten auf die morsche Schwell
und sahen an das Kind.
Der Schnee trieb durch die Luke hell
und draußen Eis und Wind.

Ein Ochs nur blies die Krippe warm,
der nah der Mutter stand.
Wie war ihr Kleid, ihr Kopftuch arm,
wie mager ihre Hand.

Ein Esel hielt sein Maul ins Heu,
fraß Dorn und Distel sacht.
Er rupfte weich die Krippenstreu,
o bitterkalte Nacht.

Wir hatten nichts als unsern Stock,
kein Schaf, kein eigen Land,
geflickt und fasrig war der Rock,
nachts keine warme Wand.

Wir standen scheu und stummen Munds:
Die Hirten, Kind, sind hier.
Und beteten und wünschten uns
Gerät und Pflug und Stier.

Und standen lang und schluckten Zorn,
weil uns das Kind nicht sah.
Griff nicht das Kind dem Ochs ans Horn
und lag dem Esel nah?

Es brannte ab der Span aus Kien.
Das Kind schrie und schlief ein.
Wir rührten uns, feldein zu ziehn.
Wie waren wir allein!

Daß diese Welt nun besser wird,
so sprach der Mann der Frau,
für Zimmermann und Knecht und Hirt,
das wisse er genau.

Ungläubig hörten wirs – doch gern.
Viel Jammer trug die Welt.
Es schneite stark. Und ohne Stern
ging es durch Busch und Feld.

Gras, Vogel, Lamm und Netz und Hecht,
Gott gab es uns zu Lehn.
Die Erde aufgeteilt gerecht,
wir hättens gern gesehn.

GÜNTER EICH

Bratapfellied

Es gibt der Früchte eine,
die winters erst gedeiht,
versteckt vorm Sonnenscheine,
wanns regnet oder schneit,
wann's friert uns an der Nasen,
wann's grimmt am Ohre auch,
herzhaft der Ofen prasselt,
das Holz verbrennt zu Rauch.
Bratapfel in der Röhre,
du duftest mild und rein –
so ich dich brutzeln höre,
kein Lied kann schöner sein.

Und beiß ich in die Schale
und ins gebräunte Fleisch,
so glaubt mir: diesem Mahle,
kein andres kommt ihm gleich.
Kein Koch kann Bessres braten,
soviel er Würzen sucht,
es schmeckt nach reiner Wärme
und schmeckt nach reiner Frucht.

Bratapfel in der Röhre,
du duftest mild und rein –
so ich dich brutzeln höre,
kein Lied kann schöner sein.

MASCHA KALÉKO

Was die Rose im Winter tut

Was tut wohl die Rose zur Winterszeit?
Sie träumt einen hellroten Traum.
Wenn der Schnee sie deckt um die Adventszeit,
Träumt sie vom Holunderbaum.
Wenn Silberfrost in den Zweigen klirrt,
Träumt sie vom Bienengesumm,
Vom blauen Falter, und wie er flirrt …
Ein Traum, und der Winter ist um!

Dezember

Es kommt eine Zeit,
da wird es still.
Da gehn die Lichter auf,
da kommt ein Wind,
ruft nach dem Fährmann.

Der träumt den Traum
vom goldnen Schiff.
Das Schiff hat eine
große Fahrt bei Nacht.

Es geht von Haus zu Haus.
Es fährt die Straßen auf und ab.
Es kommt durch alle Länder.
Es kommt durch alle Stuben.

Da bleibt ein goldner Schein zurück.

INHALT

Christian Fürchtegott Gellert
Guter Nikolaus ... 7
Johann Wolfgang Goethe
Weihnachten ... 8
Christgeschenk ... 9
Johann Peter Hebel
Die Mutter am Christabend ... 10
Jean Paul
Geschichte eines Pfefferkuchenmannes ... 12
Ludwig Tieck
Weihnachten ... 14
Achim von Arnim
Vergolde die Nüsse ... 15
Joseph von Eichendorff
Weihnachten ... 16
Friedrich Rückert
Das Männlein in der Gans ... 17
Heinrich Heine
Die heil'gen drei Könige aus dem Morgenland ... 20

August Heinrich Hoffmann von Fallersleben
Der Traum ... 21
Weihnachten ... 23
Eduard Mörike
Frankfurter Brenten ... 24
Die heilige Nacht ... 26
Theodor Storm
Knecht Ruprecht ... 28
Weihnachtslied ... 30
Weihnachtsabend ... 31
Stoßseufzer ... 33
Theodor Fontane
Zum 24. Dezember 1890 ... 34
Zum 24. Dezember 1890 ... 35
Am Heiligen Abend ... 36
Wilhelm Busch
Der Stern ... 37
Heinrich Seidel
Der kleine Nimmersatt ... 38
Paula Dehmel
Weihnachtsschnee ... 41
Anna Ritter
Vom Christkind ... 42

Ludwig Thoma

Heilige Nacht ... 43

Else Lasker-Schüler

Weihnacht ... 45

Christian Morgenstern

Winternacht ... 46

Rainer Maria Rilke

Die hohen Tannen atmen heiser ... 47

Es gibt so wunderweiße Nächte ... 48

Advent ... 49

Hermann Hesse

In Weihnachtszeiten ... 50

Robert Walser

Weihnacht ... 51

Hugo von Hofmannsthal

Weihnacht ... 53

Joachim Ringelnatz

Einsiedlers Heiliger Abend ... 55

Kindergebetchen ... 57

Kurt Tucholsky

Groß-Stadt – Weihnachten ... 59

Klabund

Weihnacht ... 61

Bertolt Brecht
Maria ... 63
Erich Kästner
Der Weihnachtsabend des Kellners ... 65
Peter Huchel
Die Hirtenstrophe ... 66
Günter Eich
Bratapfellied ... 69
Mascha Kaléko
Was die Rose im Winter tut ... 71
Elisabeth Borchers
Dezember ... 72

Textnachweise ... 79

Achim von Arnim, Vergolde die Nüsse, S. 15. Aus: Achim von Arnim, Werke in sechs Bänden, Bd. 5: Gedichte. Herausgegeben von Ulfert Ricklefs. Deutscher Klassiker Verlag Frankfurt am Main 1994.

Elisabeth Borchers, Dezember, S. 72. Aus: Elisabeth Borchers. Und oben schwimmt die Sonne davon. Heinrich Ellermann Verlag, München 1981. © Elisabeth Borchers.

Bertolt Brecht, Maria, S. 63. Aus: Bertolt Brecht. Gedichte in einem Band. © Suhrkamp Verlag, Frankfurt am Main 1981.

Wilhelm Busch, Der Stern, S. 37. Aus: Wilhelm Busch, Die Gedichte. Haffmans Verlag, Zürich 2000.

Paula Dehmel, Weihnachtsschnee, S. 41. Aus: Paula Dehmel, Das liebe Nest. Gesammelte Kindergedichte. Herausgegeben von Richard Dehmel. Seemann, Leipzig 1919.

Günter Eich, Bratapfellied, S. 69. Aus: Günter Eich, Gesammelte Werke in vier Bänden, Bd. 1. Herausgegeben von Axel Vieregg. © Suhrkamp Verlag Frankfurt am Main 1973, 1991.

Joseph von Eichendorff, Weihnachten, S. 16. Aus: Joseph von Eichendorff, Sämtliche Gedichte und Versepen. Insel Verlag Frankfurt am Main und Leipzig 2007.

Theodor Fontane, Am Heiligen Abend, S. 36, Zum 24. Dezember 1890, S. 34, Noch einmal ein Weihnachtsfest, S. 35. Aus: Theodor Fontane, Gedichte in einem Band. Herausgegeben von Otto Drude. Insel Verlag Frankfurt am Main und Leipzig 1998.

Christian Fürchtegott Gellert, Guter Nikolaus, S. 7. Aus: Christian Fürchtegott Gellert, Werke. Band 1: Fabeln, Gedichte, Lustspiele. Herausgegeben von Gottfried Honnefelder. Insel Verlag Frankfurt am Main 1979.

Johann Wolfgang Goethe, Christgeschenk, S. 9, Weihnachten, S. 8. Aus: Johann Wolfgang von Goethe, Gedichte in zeitlicher Folge. Herausgegeben von Heinz Nicolai. Insel Verlag Frankfurt am Main, 1982.

Heinrich Heine, Die heil'gen drei Könige aus dem Morgenland, S. 20. Aus: Heinrich Heine, Sämtliche Gedichte in zeitlicher Folge. Insel Verlag Frankfurt am Main und Leipzig 2005.

Hermann Hesse, In Weihnachtszeiten, S. 50. Aus: Hermann Hesse, Die Gedichte. © Suhrkamp Verlag Frankfurt am Main 1953.

August Heinrich Hoffmann von Fallersleben, Der Traum, S. 21, Weihnachten, S. 23. Aus: August Heinrich Hoffmann von Fallersleben, Gesammelte Werke. Zweiter Band: Lyrische Gedichte. Herausgegeben von Heinrich Gerstenberg. Berlin 1891.

Jean Paul, Geschichte eines Pfefferkuchenmannes, S. 12. Aus: Jean Paul, Werke. Hempel Verlag, Berlin 1886.

Johann Peter Hebel, Die Mutter am Christabend, S. 10. Aus: Johann Peter Hebel. Werke in zwei Bänden. Herausgegeben von Eberhard Meckel. Insel Verlag Frankfurt am Main 1968.

Hugo von Hofmannsthal, Weihnacht, S. 53. Aus: Hugo von Hofmannsthal, Sämtliche Werke. Band 1. S. Fischer Verlag Frankfurt am Main 1984.

Peter Huchel, Die Hirtenstrophe, S. 66. Aus: Peter Huchel, Die Sternenreuse. 1967 Piper Verlag GmbH, München.

Erich Kästner, Der Weihnachtsabend des Kellners, S. 65. Aus: Erich Kästner, Werke, Bd. 1: Zeitgenossen, haufenweise. Gedichte. Herausgegeben von Harald Hartung in Zusammenarbeit mit Nicola Brinkmann. In: Doktor Erich Kästners lyrische Hausapotheke. © Atrium Verlag, Zürich 1936 und Thomas Kästner.

Mascha Kaléko, Was die Rose im Winter tut, S. 71. Aus: Mascha Kaléko, Die paar leuchtenden Jahre. Herausgegeben von Gisela Zoch-Westphal. © 2003 Deutscher Taschenbuch Verlag, München.

Klabund, Weihnacht, S. 61. Aus: Klabund, Die Harfenjule. Eulenspiegel Verlag Berlin 1982.

Else Lasker-Schüler, Weihnacht, S. 45. Aus: Else Lasker-Schüler, Werke und Briefe. Kritische Ausgabe. Band 1: Gedichte. Bearbeitet von Jürgen Skrodzki und Norbert Oellers. © Jüdischer Verlag im Suhrkamp Verlag Frankfurt am Main 1996.

Eduard Mörike, Frankfurter Brenten, S. 24, Die heilige Nacht, S. 26. Aus: Eduard Mörike, Sämtliche Gedichte in einem Band. Herausgegeben von Bernhard Zeller. Insel Verlag Frankfurt am Main und Leipzig 2001.

Christian Morgenstern, Winternacht, S. 46. Aus: Christian Morgenstern, Gedichte in einem Band. Insel Verlag Frankfurt am Main und Leipzig 2003.

Rainer Maria Rilke, Advent, S. 49, Die hohen Tannen atmen heiser, S. 47, Es gibt so wunderweiße Nächte, S. 48. Aus: Rainer Maria Rilke, Die Gedichte. Insel Verlag Frankfurt am Main 1986.

Joachim Ringelnatz, Kindergebetchen, S. 57, Einsiedlers Heiliger Abend, S. 55. Aus: Weihnachten mit Ringelnatz. Herausgegeben von Ute Maack. Insel Verlag Berlin 2010.

Anna Ritter, Vom Christkind, S. 42. Aus: Anna Ritter, Weihnachtsgedichte. Zusammengestellt von Werner Wolf. Cotta'sche Buchhandlung Nachfolger Stuttgart 1900.

Friedrich Rückert, Das Männlein in der Gans, S. 17. Aus: Friedrich Rückert, Werke, Bd. 1. Herausgegeben von Georg Ellinger, Bibliographisches Institut Leipzig und Wien 1897.

Heinrich Seidel, Der kleine Nimmersatt, S. 38. Aus: Heinrich Seidel, Gesammelte Schriften, Bd. 11. Verlag A. G. Liebeskind Leipzig 1894.

Theodor Storm, Knecht Ruprecht, S. 28, Weihnachtslied, S. 30, Weihnachtsabend, S. 31, Stoßseufzer, S. 33. Aus:

Theodor Storm, Sämtliche Gedichte in einem Band. Insel Verlag Frankfurt am Main und Leipzig 2002.
Ludwig Thoma, Heilige Nacht, S. 43. Aus: Ludwig Thoma, Gesammelte Werke, Bd. 8. Piper Verlag München 1956.
Ludwig Tieck, Weihnachten, S. 14. Aus: Ludwig Tieck, Werke. Gedichte, Dritter Teil. P. G. Hilscher, Dresden, 1823.
Kurt Tucholsky, Groß-Stadt – Weihnachten, S. 59. Aus: Kurt Tucholsky, Gesammelte Werke in zehn Bänden, Bd. 1. Rowohlt Verlag, Reinbek 1960.
Robert Walser, Weihnacht, S. 51. Aus: Robert Walser, Sämtliche Werke in zwanzig Bänden. Herausgegeben von Jochen Greven. Band 13: Die Gedichte. © Suhrkamp Verlag Frankfurt am Main 1986.

 Gesetzt in der Schrift Centennial. Gedruckt auf holzfreies, alterungsbeständiges Papier der Firma Cordier, Bad Dürkheim, vom Druckhaus Nomos, Sinzheim. Gebunden in Fadenheftung von der Buchbinderei Spinner, Ottersweier. Printed in Germany. Erste Auflage 2013.
ISBN 978-3-458-20502-9